Impressum
Verlag: BABADADA GmbH, Nedderfeld 112 , 22529 Hamburg
Geschäftsführer / Verlagsleitung: Harald Hof
Druck: Books on Demand GmbH, In de Tarpen 42, 22848 Norderstedt

Imprint
Publisher: BABADADA GmbH, Nedderfeld 112 , 22529 Hamburg, Germany
Managing Director / Publishing direction: Harald Hof
Print: Books on Demand GmbH, In de Tarpen 42, 22848 Norderstedt

school

duɗal

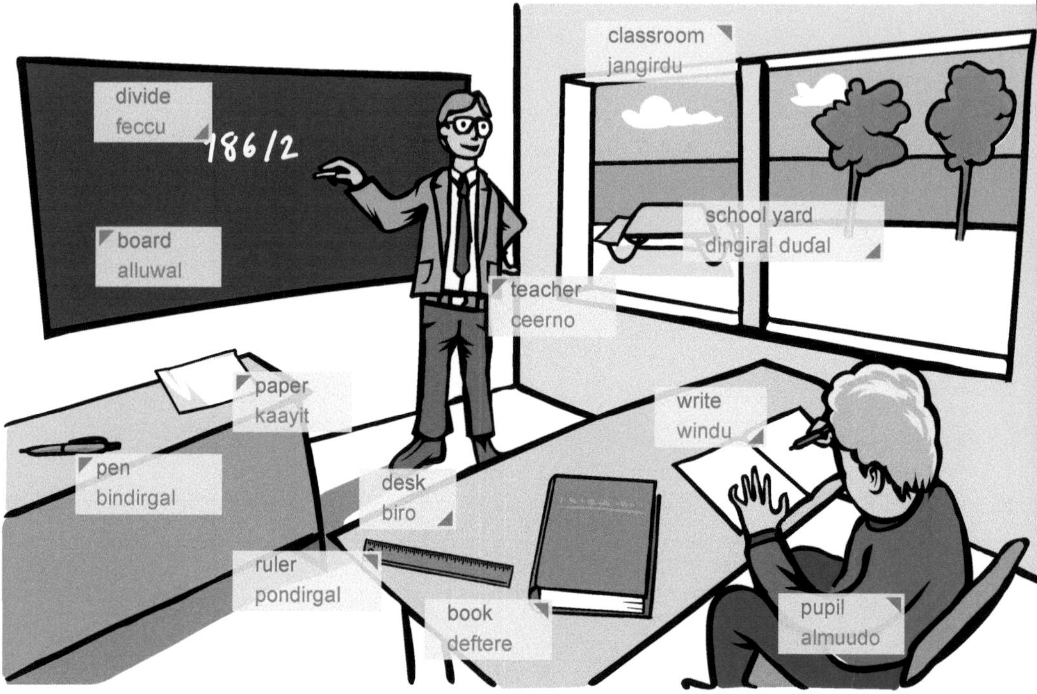

classroom
jangirdu
divide
feccu
186/2
board
alluwal
school yard
dingiral duɗal
teacher
ceerno
paper
kaayit
write
windu
pen
bindirgal
desk
biro
ruler
pondirgal
book
deftere
pupil
almuudo

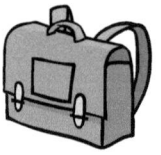

satchel

sakosel

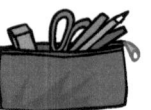

pencil case

suudu kuɗol

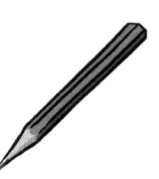

pencil

kuɗol

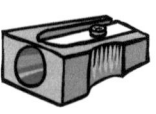

pencil sharpener

ceeɓnoowo kuɗol

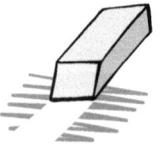

rubber

momtirgal

drawing pad

nokku diidirɗo

drawing
diidgol

paintbrush
diidirgal

paint box
suudu diidordu

scissors
sisooje

glue
kol

exercise book
deftere softinorde

homework
coftinogol

number
tongoode

add
beydu

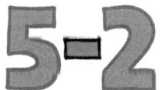

subtract
ustu

multiply
hebbin

calculate
lim

letter
bataake

alphabet
hijju

word
kongol

text
windande

read
jangu

chalk
bindirgal

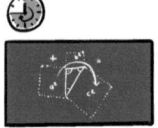

lesson
darsu

register
windaade

examination
ÿeewtogol

certificate
ijaazi

school uniform
wutte jaŋirɗo

education
jaŋde

encyclopedia
ɗowitorde mawnde

university
jaaɓi haatirde

microscope
mokoroskop

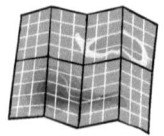

map
wertaango

waste-paper basket
siwo mbalis

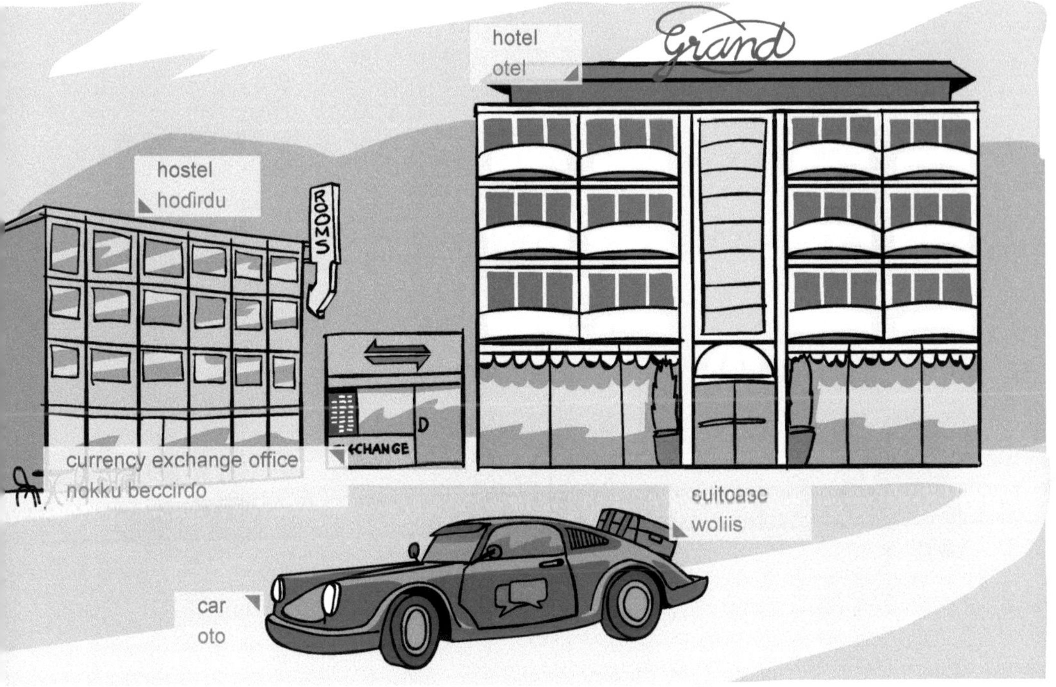

hotel
otel
Grand
hostel
hoɗirdu
ROOMS
EXCHANGE
currency exchange office
nokku beccirɗo
suitcase
woliis
car
oto

language

ɗemngal

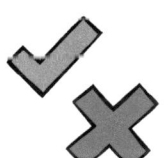

yes / no

ey / ala

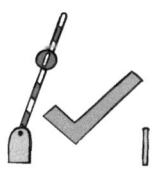

Okay

Eyyo

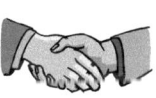

hello

mbaɗɗa

translator

pirtoowo

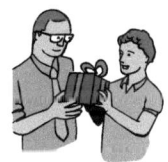

Thank you

jaraama

how much is...?

hono foti...?

I don´t get it

mi faamaani

problem

satteende

Good evening!

jam hiiri

Good morning!

jam waali

Good night!

jam waal

goodbye

baay baay

direction

ngardiindi

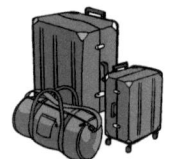

luggage

kaake

bag

saak

backpack

saak bakke

guest

koɗo

room

suudu

sleeping bag

saak ɗaanorɗo

tent

taanta

tourist information

kabaaru jillotooɗo

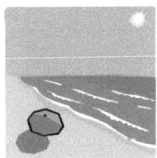

beach

palaaz

credit card

kartal keredii

breakfast

kasitaari

lunch

bottaari

dinner

hiraande

Ticket

tikkett

elevator

suutde

stamp

tembere

border

keerol

customs

soodooɓe

embassy

ambasaat

visa

wiisa

passport

paɑɑpoor

transport
yangarta

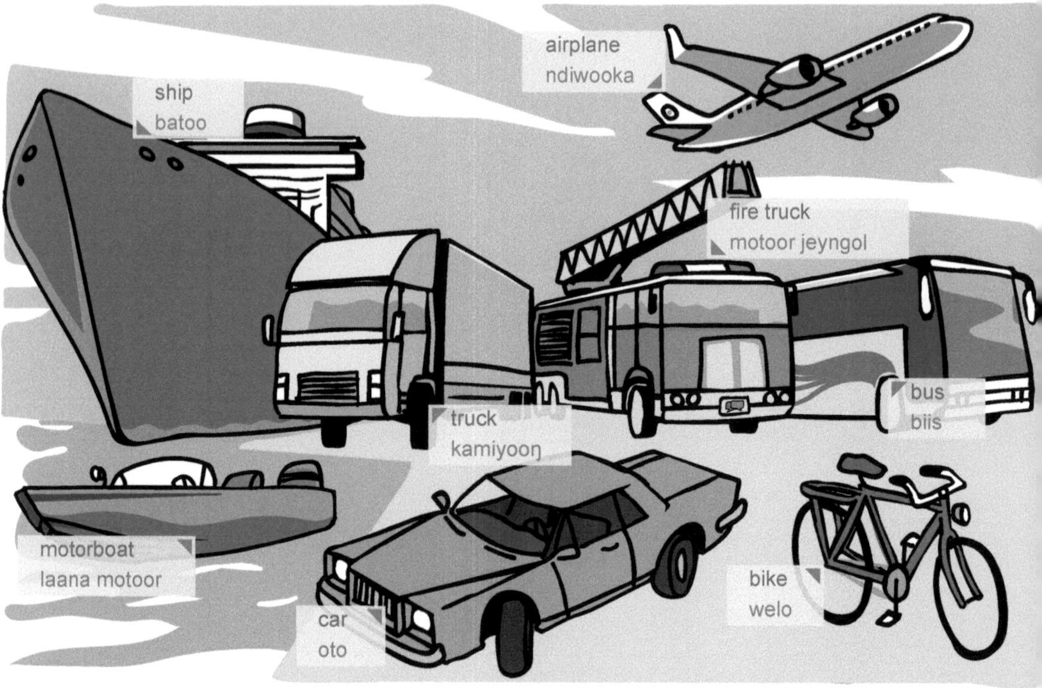

airplane
ndiwooka
ship
batoo
fire truck
motoor jeyngol
bus
biis
truck
kamiyooŋ
motorboat
laana motoor
bike
welo
car
oto

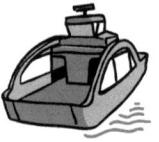

ferry
baak

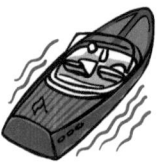

boat
laana

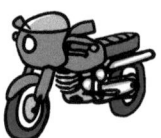

motorbike
welo motoor

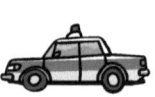

police car
oto poliis

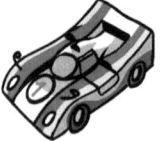

racing car
oto dandu

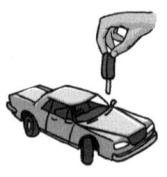

rental car
otoluwaaɗo

car sharing
rendude oto

tow truck
leŋge

garbage truck
kamiyooŋ salo

engine
moto

fuel
gaas

fuel station
esaaseer

traffic sign
maantorde tali

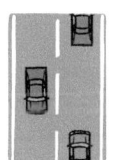

traffic
tali

traffic jam
bittugol tali

parking lot
darnirde oto

train station
dartorde teree

tracks
laabi

train
teree

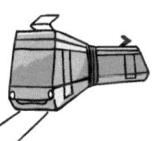

tram
taraam

wagon
nawgol

helicopter
elikooteer

airport
aydapoor

tower
hubeere

passenger
jahoowo

container
kontaneer

carton
kees

cart
saret

basket
siwo

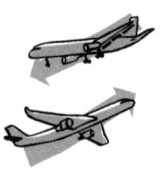

take off / land
diw / tello

city

wuro

village
saare

city center
hakkunde wuro

house
galle

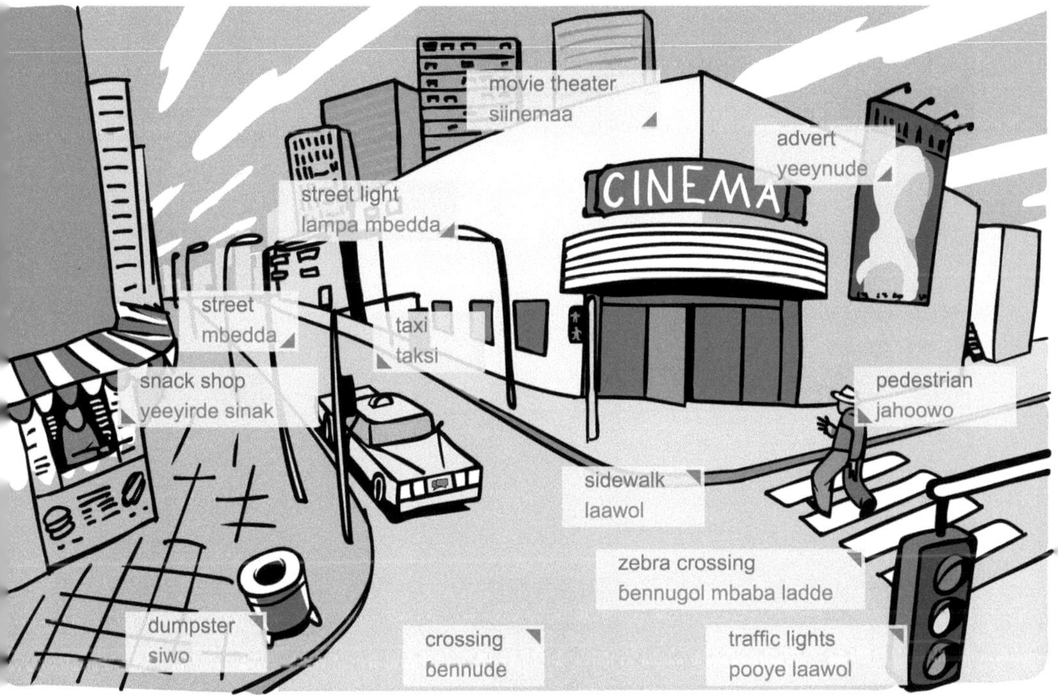

movie theater
siinemaa

advert
yeeynude

street light
lampa mbedda

CINEMA

street
mbedda

taxi
taksi

snack shop
yeeyirde sinak

pedestrian
jahoowo

sidewalk
laawol

zebra crossing
ɓennugol mbaba ladde

dumpster
siwo

crossing
ɓennude

traffic lights
pooye laawol

hut

tiba

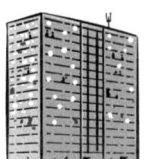

apartment

hoɗorde

train station

dartorde teree

city hall

meeri

museum

miise

school

duɗal

university	bank	hospital
jaaɓi haatirde	baŋke	safrirdu

hotel	pharmacy	office
otel	farmasii	gollorde

book shop	shop	flower shop
yeeyirde defte	yeeyirde	mo nehoowo leɗɗe

supermarket	market	department store
duggere	jeere	yeeyirde diiwaan

fishmonger's shop	mall	harbor
mo gawoowo	nokku njeeygu	telloorde

park

parka

bench

jooɗorde

bridge

pooŋ

stairs

ŋabbirɗe

subway

les leydi

tunnel

laawol les

bus stop

dartorde biis

bar

baar

restaurant

restoraaŋ

postbox

suudu posto

street sign

maantorde mbedda

parking meter

meetorde parka

zoo

nehirde kulle

swimming pool

piɜiin

mosque

Jumaa

farm
ngesa

pollution
bonande

cemetery
genaale

church
ekiliis

playground
dingiral

temple
tempele

landscape
satto

leaf
derewol

signpost
maantogal

path
laawol

meadow
paraad

stone
haayre

hiker
diwoowo

tree
lekki

river
caangol

grass
huɗo

flower
baramlefol

valley

fongo

hill

tiwaande

lake

weendu

forest

dundu

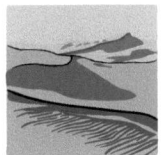

desert

ladde

volcano

wolkaaŋ

castle

hoɗorde

rainbow

timtimol

mushroom

wiiduru gaynaako

palm tree

lekki koko

mosquito

ɓongu

fly

diw

ant

ñuuñu

bee

ñaaku

spider

njabala

beetle

karaab

frog

paaɓa

squirrel

jiire

hedgehog

nguru paaɓa

hare

wojere

owl

hooweere

bird

ndiwri

swan

kankaleewal

boar

fowru

deer

lella

moose

kooba

dam

baaraas

wind turbine

seɗa hendu

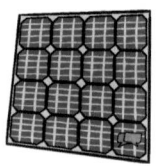

solar panel

mbeɗu naange

climate

kilimaaŋ

restaurant
restoraaŋ

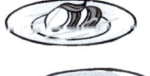

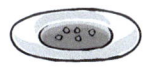

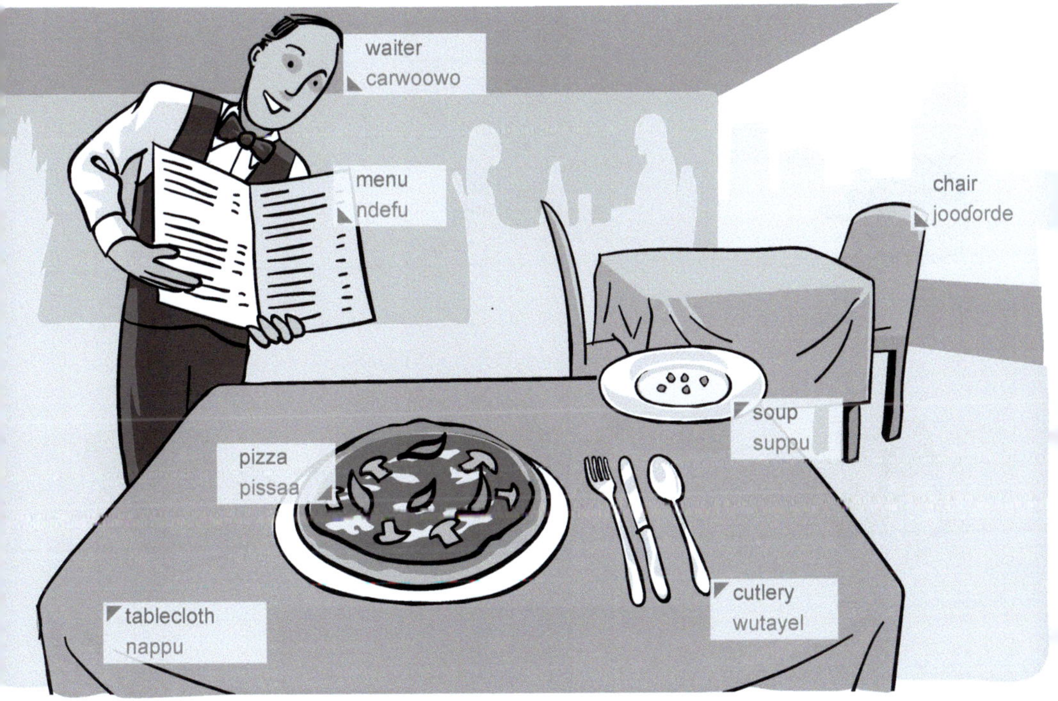

waiter
carwoowo
menu
ndefu
chair
jooɗorde
soup
suppu
pizza
pissaa
tablecloth
nappu
cutlery
wutayel

starter
puɗɗorɗo

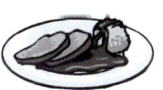

main course
barme mawɗo

dessert
deseer

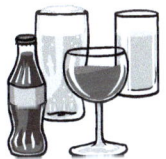

drinks
njarameeje

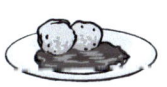

food
ñamri

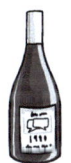

bottle
bitel

fast food

fastfuut

street food

ñaamde mbedda

teapot

pot ataaya

sugar bowl

taasa suukara

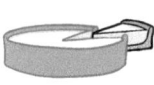

portion

geɗal

espresso machine

masiŋ esperesoo

high chair

jooɗorde toownde

bill

faktiir

tray

terey

knife

paaka

fork

fursett

spoon

kuddu

teaspoon

kuddu ataaya

serviette

torsooŋ

glass

weer

plate

palaat

soup plate

palaat suppu

saucer

coosoowo

sauce

soos

salt shaker

pot lamɗam

pepper mill

poobaar

vinegar

wineegar

oil

diwliin

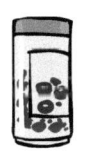

spices

kaaniije

ketchup

ketsoop

mustard

mutaarde

mayonnaise

maynees

supermarket

duggere

special offer
dokkal teentungal
FOR
customer
coodoowo
dairy products
deftel
fruit
ɓingel leggal
shopping cart
saret

BUTCHERS

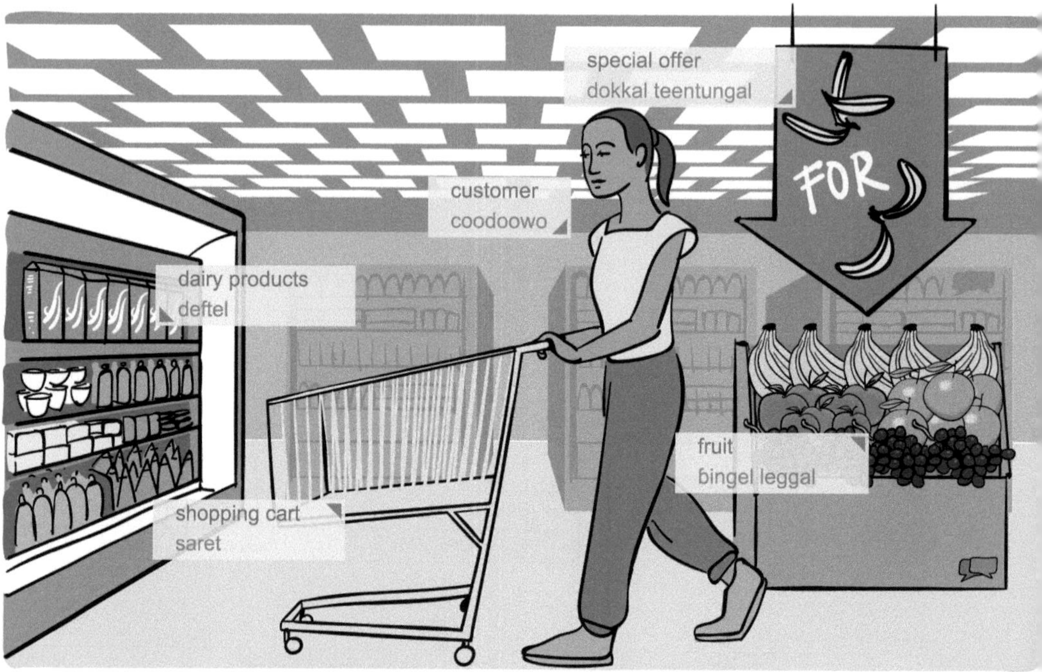

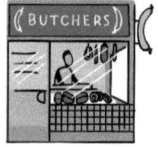

butcher's shop

mo jeeyoowo teewu

BAKERY

bakery

mo piyoowo mburu

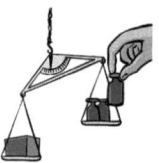

weigh

ɓett

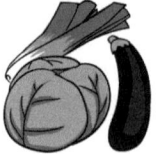

vegetables

ɓiɓe leɗɗe

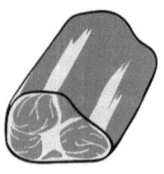

meat

teewu

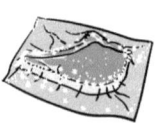

frozen food

ñamri fendiindi

cold cuts
teewu ɓuuɓngu

canned food
ñamri

detergent
omo

candy
tangaleeji

household products
geɗe galle

cleaning products
geɗe labbinooje

sales representative
jeeyoowo

cash register
hippoode

cashier
ngaluyanke

shopping list
limo soodetee

opening hours
waktuuji gudditeeɗi

wallet
kalbe

credit card
kartal keredii

bag
saak

plastic bag
saak dalli

water
ndiyam

juice
sii

milk
kosam

coke
Koowk

wine
sangara

beer
sangara

alcohol
alkol

cocoa
koka

tea
ataaya

coffee
kafe

espresso
esperesoo

cappuccino
kaputsiino

banana

banaana

apple

pomere

orange

oraaŋs

melon

dende

lemon

limoŋ

carrot

karott

garlic

laac

bamboo

bambuu

onion

soblere

mushroom

wiiduru gaynako

nuts

gerte

noodles

kodde

spaghetti

espaketii

rice

maaro

salad

solaat

fries

sipse

fried potatoes

padaas pasnaaɗo

pizza

pissaa

hamburger

amburgoor

sandwich

sandiis

escalope

tayre

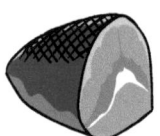

ham

heltinde

salami

salaami

sausage

soosiis

chicken

gertogal

roast

juɗe

fish

liingu

porridge oats

karaw

muesli

miyesli

cornflakes

butaali makka

flour

cafka

croissant

koraasaŋ

bread roll

loocol mburu

bread

mburu

toast

mburu

cookies

mbiskit

butter

boor

curd

caakri

cake

ngato

egg

boofoode

fried egg

bofoode defaaɗu

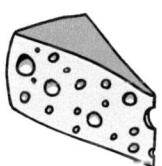

cheese

formaas

ice cream

kerem galaas

sugar

suukara

honey

njuumri

jelly

piire

nougat cream

soosde sokola

curry

kiri

farm

ngesa

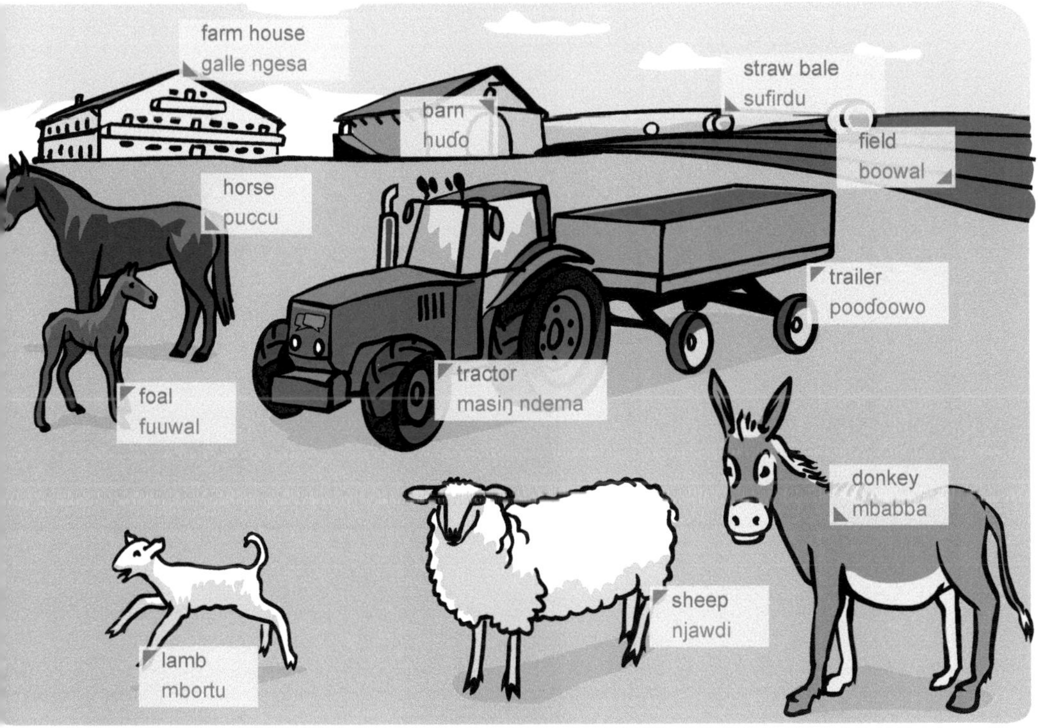

farm house
galle ngesa
barn
huɗo
straw bale
sufirdu
field
boowal
horse
puccu
trailer
pooɗoowo
tractor
masiŋ ndema
foal
fuuwal
donkey
mbabba
sheep
njawdi
lamb
mbortu

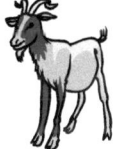

goat

ndamndi

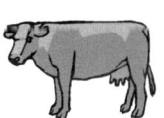

cow

ngaari

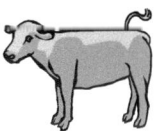

calf

ñale

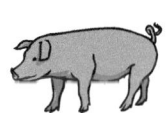

pig

mbaba tugal

piglet

ɓingel tugal

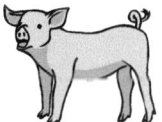

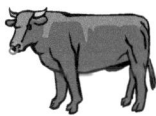

bull

ngaari

goose

jaawalal

duck

jaawangal

chick

gertogal

hen

jarlal

cockerel

ngori

rat

doombru

cat

ulluundu

mouse

dombru

ox

ngaari

dog

rawaandu

dog house

suudu rawaandu

garden hose

lekki werte

watering can

bitel ndiyam

scythe

jalo

plow

jabbude

sickle
wafdu

hoe
caga

pitchfork
furset yettirɗo

axe
jambere

pushcart
burwett

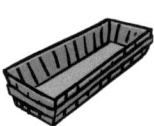

trough
jardugal

milk can
bitel kosam

sack
bonnude

fence
heerorde

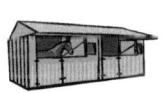

stable
dari

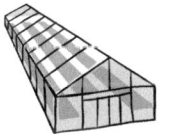

greenhouse
resofmaaŋ

soil
leydi

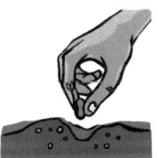

seed
aawɗi

fertilizer
engere

combine harvester
rendin coñoowo

harvest

soñ

harvest

coñal

yams

ñambi

wheat

ndiyamiri

soya

soozaa

potato

padaas

corn

makka

rapeseed

aawdi adan

fruit tree

lekki ɓesnooki

manioc

kasaawa

grain

gawri

house
galle

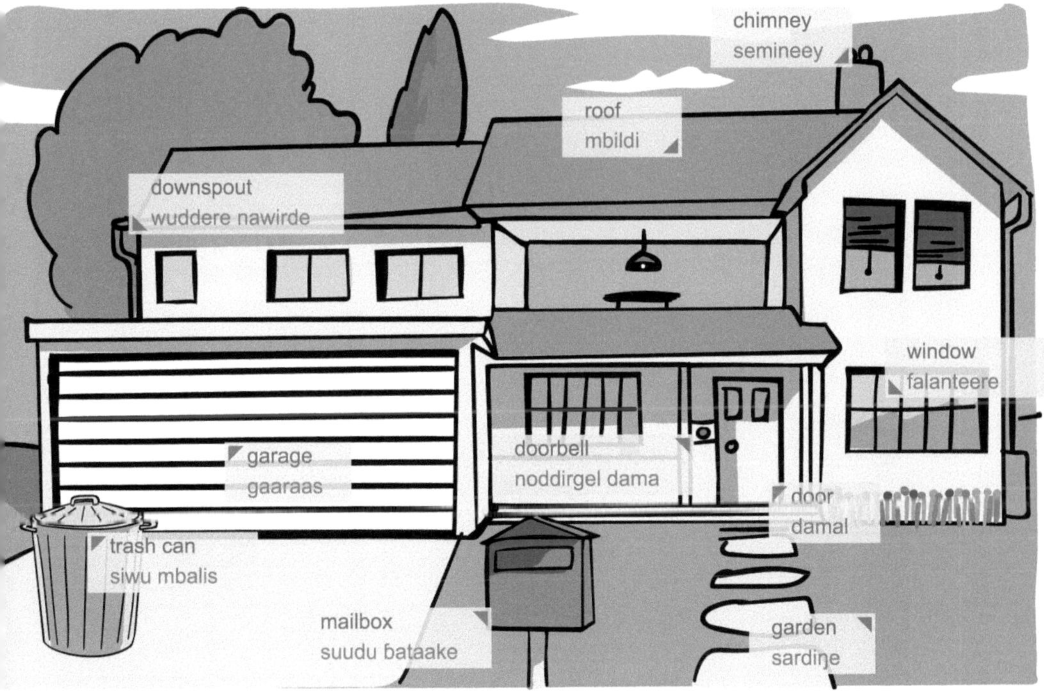
chimney
semineey
roof
mbildi
downspout
wuddere nawirde
window
falanteere
garage
gaaraas
doorbell
noddirgel dama
door
damal
trash can
siwu mbalis
mailbox
suudu ɓataake
garden
sardiŋe

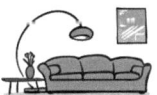

living room

saal

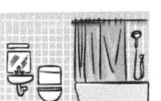

bathroom

lootorde

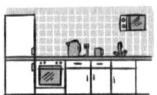

kitchen

waañ

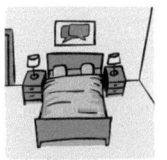

bedroom

suudu lelteendu

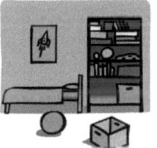

kids room

suudu suka

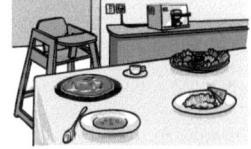

dining room

suudu hirtordu

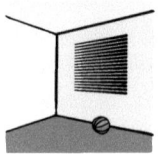

floor

leydi

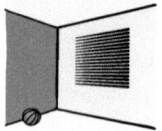

wall

miir

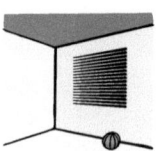

ceiling

dira

cellar

masiŋel

sauna

soona

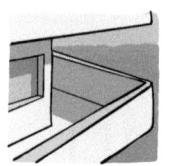

balcony

balkooŋ

terrace

teeraas

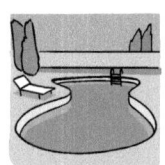

pool

pisin

lawn mower

tondoos

sheet

kaayit

bedspread

mbertanteeri

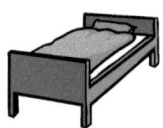

bed

lelnde

broom

pittirɗe

bucket

siwoo

switch

waylu

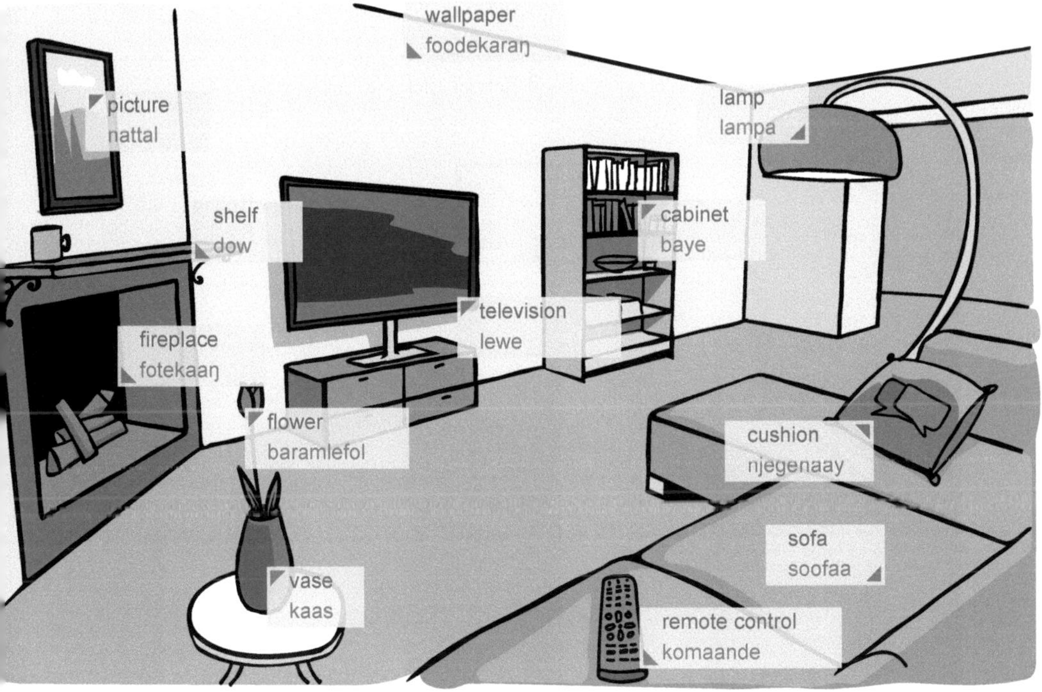

wallpaper
foodekaraŋ

picture
nattal

lamp
lampa

shelf
dow

cabinet
baye

fireplace
fotekaaŋ

television
lewe

flower
baramlefol

cushion
njegenaay

vase
kaas

sofa
soofaa

remote control
komaande

carpet
tappi

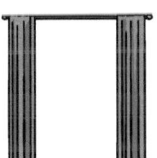

drape
rido

table
taabal

chair
jooɗorde

rocking chair
jooɗorde timmunde

armchair
tuggorde

book
....
deftere

blanket
....
suddaare

decoration
....
cinki

firewood
....
docotal

film
....
filmo

stereo system
....
kuutorde hi-fi

key
....
caabi

newspaper
....
jaaynde

painting
....
pentiirde

poster
....
posteer

radio
....
haalirde

notebook
....
deftel mooftirgel

vacuum cleaner
....
ŋabbude

cactus
....
siwo lekki

candle
....
sondel

kitchen
waañ

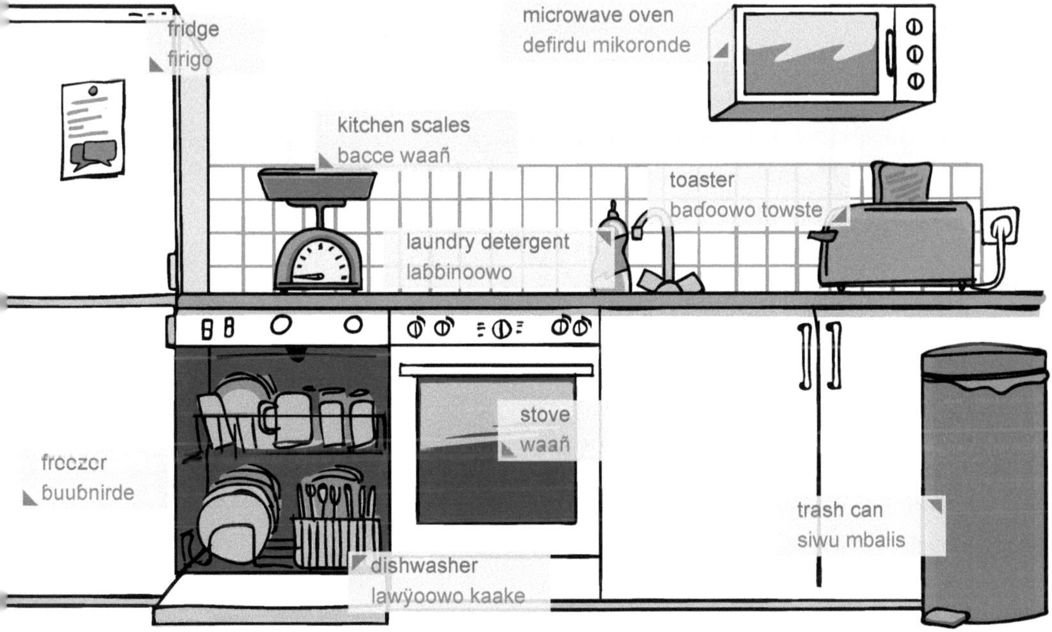
fridge
firigo
microwave oven
defirdu mikoronde
kitchen scales
bacce waañ
toaster
baɗoowo towste
laundry detergent
laɓɓinoowo
stove
waañ
freezer
ɓuuɓnirde
trash can
siwu mbalis
dishwasher
lawƴoowo kaake

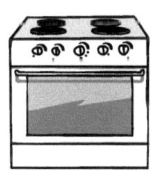

cooker
defoowo

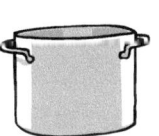

pot
pot

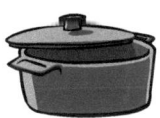

cast-iron pot
pot baɗɗo njamdi

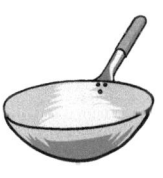

wok / kadai
lehel

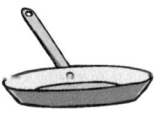

pan
lahal

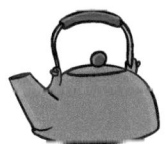

kettle
baraade

steamer

gulnoowo

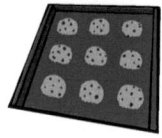

baking tray

fuur cumirɗo

crockery

wiisirde

mug

kaas

bowl

taasa

chopsticks

bakett

ladle

heɗirde

spatula

kuundal

whisk

burgal

strainer

gulnirɗo

sieve

pool

grater

koosoowo

mortar

wowru

barbecue

njuɗu

fireplace

lewlewndu

chopping board

alluwal tayirgal

rolling pin

dullirgal

corkscrew

tenaay

can

potyel

can opener

udditirɗo potyel

oven cloth

jaggoowo pot

sink

lawÿirde

brush

borisde

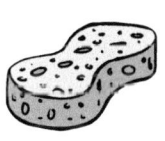

sponge

epoos

blender

jiiɓoowo

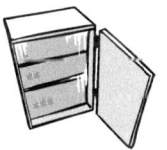

deep freezer

firigo juutɗo

baby bottle

bitel tiggu

tap

robinc

bathroom
lootorde

heating
wulnude
towel
sarbet
shower
ɓuftogol
shower curtain
rido ɓuftorde
bubble bath
sumbu lootorɗo
bathtub
nokku lootorɗo
glass
weer
washing machine
masiŋ guppirɗo
tap
robine
tiles
biifi
potty
woppirde
sink
lawƴirde

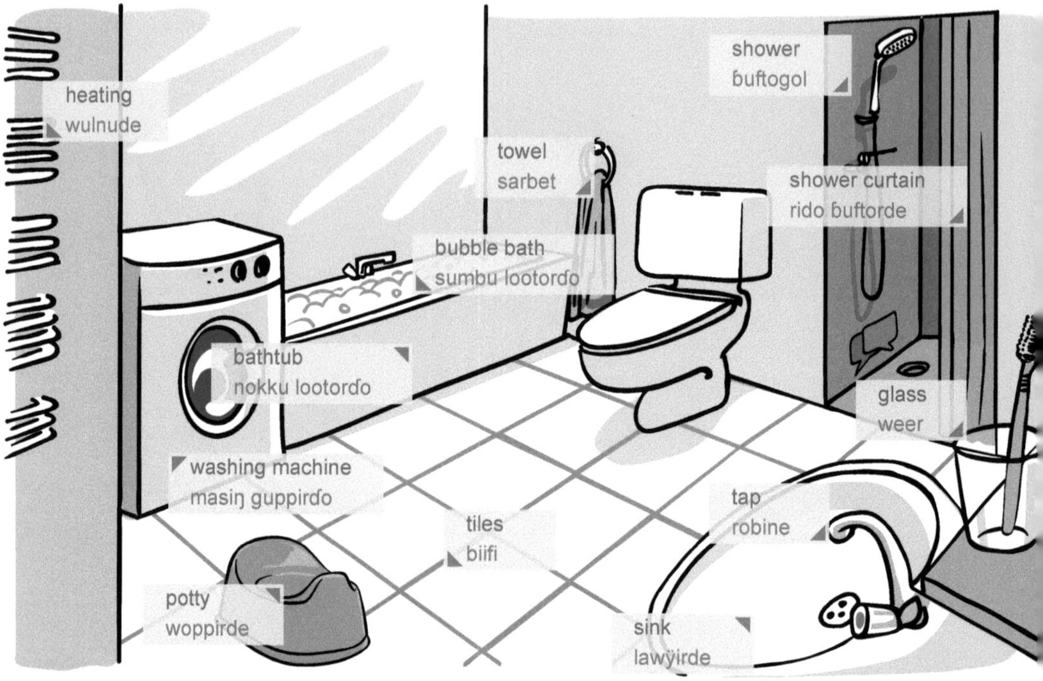

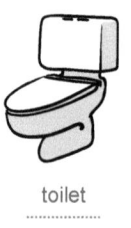

toilet
heblorde

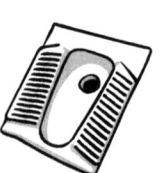

squat toilet
yaltirde les

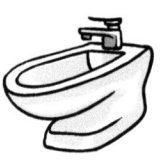

bidet
yaltirde

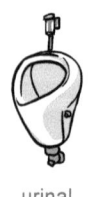

urinal
soofirde

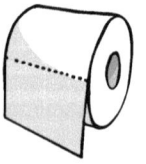

toilet paper
kaayit heblorde

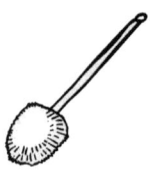

toilet brush
boros heblorde

toothbrush

boros ñiiÿe

toothpaste

pat cocorɗo

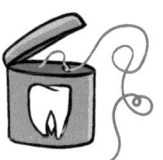

dental floss

cocorgal

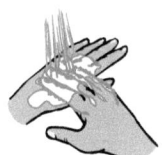

wash

lawyu

hand shower

buftorde jungo

douche

jampe

basin

taasa

back brush

boros keeci

soap

saabunde

shower gel

nebam ɓuftorde

shampoo

sampoye

flannel

lootogel

drain

yupuɗe

creme

mileen

deodorant

lati

mirror

daarogal

hand mirror

daarogal jungo

razor

rasuwaar

shaving foam

sumbu pemborɗo

aftershave

lallitirde

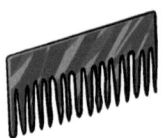

comb

koomu

brush

boros

hair-dryer

yoorno hoore

hairspray

uurna hoore

makeup

makiyaas

lipstick

lippo

nail varnish

emaaye segene

cotton wool

wiro

nail scissors

sisooje segene

perfume

parfooŋ

washbag

saawdu lawyirdu

stool

kuudi

weighing scales

bacce ɓetirde

bathrobe

wutte lootorɗo

rubber gloves

kawaseeje dalli

tampon

tampooŋ

sanitary towel

sarbet laɓɓinoorɗo

chemical toilet

lootogol cellungol

kids room

suudu suka

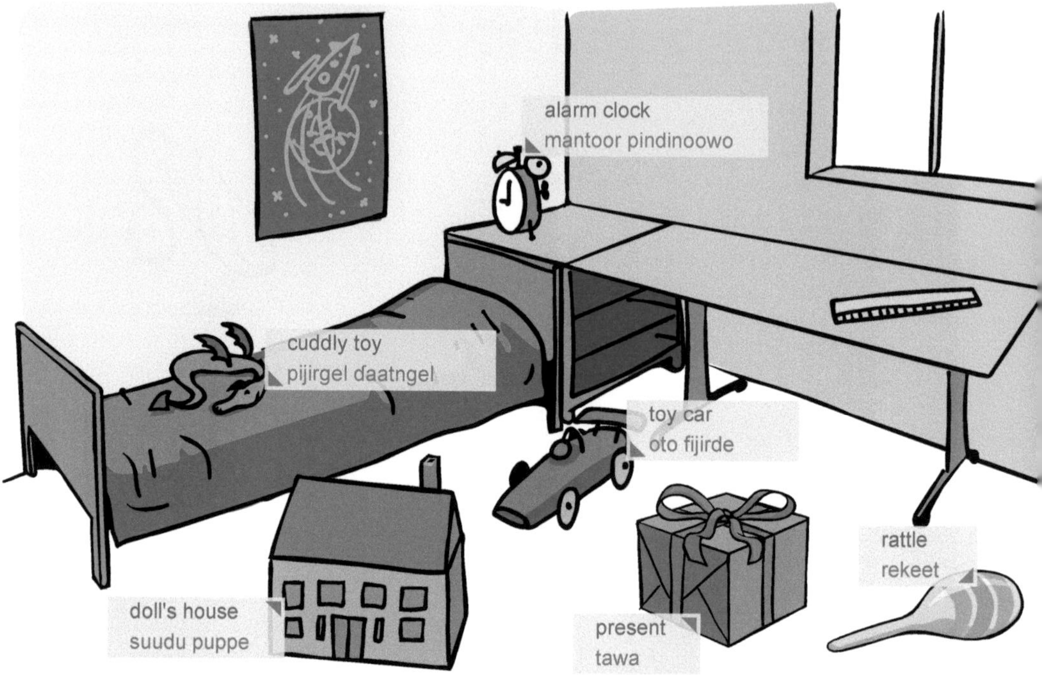
alarm clock
mantoor pindinoowo
cuddly toy
pijirgel ɗaatngel
toy car
oto fijirde
doll's house
suudu puppe
present
tawa
rattle
rekeet

balloon

baloon

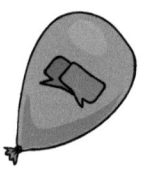

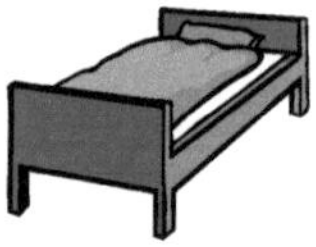

bed

lelnde

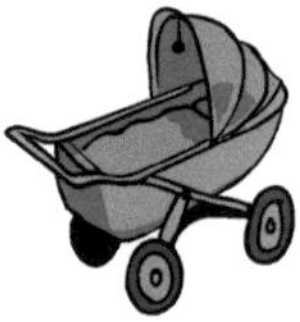

stroller

puus puus

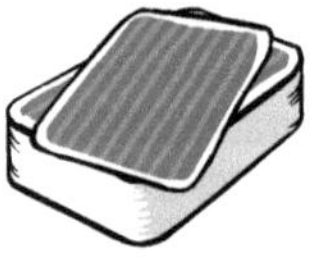

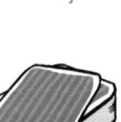

deck of cards

taabal karte

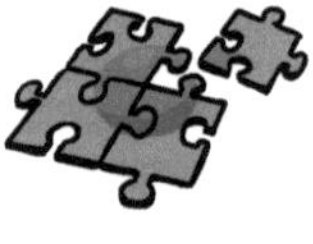

jigsaw

juwirgal

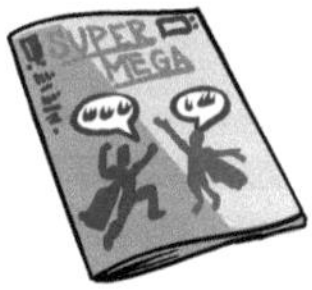

comic

jalnii

lego bricks

tuufeeje lego

toy blocks

kaaÿe maadi

action figure

pijirgel suka

romper suit

wutte suka

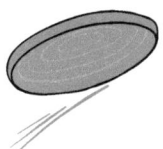

frisbee

mbiifu

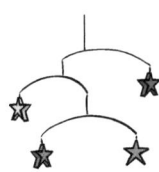

mobile

noddirgel

board game

fijirde alluwal

dice

dee

model train set

tereŋ jahiroowo batiri

pacifier

ɗaayɗo

party

hiirde

picture book

deftere natte

ball

hal

doll

puppe

play

fij

sandpit

ngaska leydi

swing

yirlude

toys

pijirɗe

video game console

fijirde widoo peley

tricycle

biifi tati

teddy bear

uluundu pijirgel

wardrobe

woliis

clothing

ɓoornogol

socks

kawaseeje

stockings

baardinirɗi

tights

dogirɗi

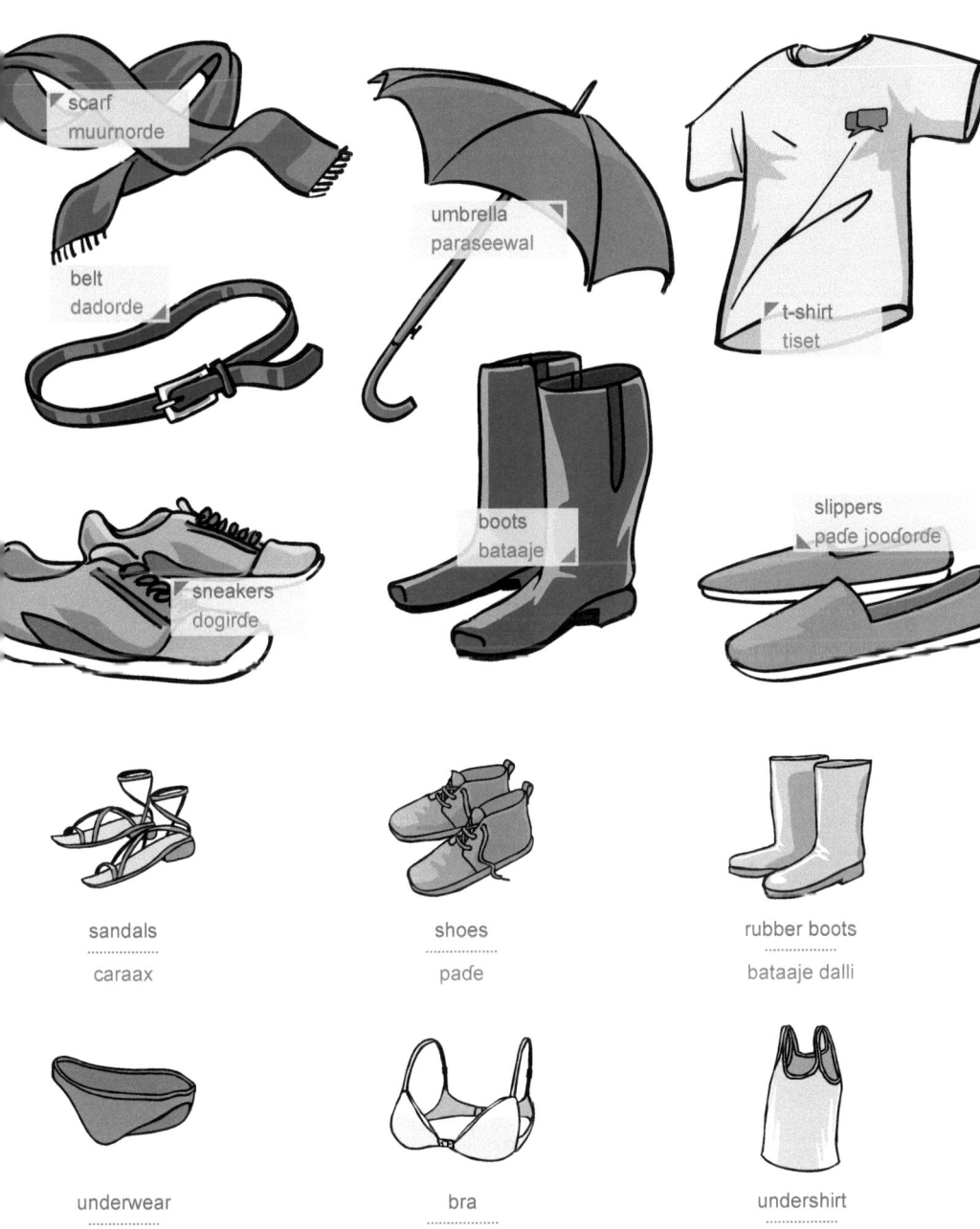

scarf
muurnorde

belt
dadorde

umbrella
paraseewal

t-shirt
tiset

sneakers
dogirde

boots
bataaje

slippers
pade joodorde

sandals
caraax

shoes
pade

rubber boots
bataaje dalli

underwear
cakkirdi

bra
site ŋoos

undershirt
weste

body

ɓandu

pants

tuuba

jeans

jiin

skirt

sippu

blouse

buluus

shirt

wuttel

pullover

piliweer

sweater

njallaaba

blazer

balaseer suka

jacket

jakett

coat

sabandoor

raincoat

wutte toɓo

costume

kossim

dress

robbo

wedding dress

wutte cuddungu

suit

cakkirɗo

nightgown

robbo baalduɗo

pajamas

baaluɗi

sari

sari

headscarf

fiilorde

turban

kaala

burka

misoor

kaftan

haftan

abaya

abaaye

swimsuit

lumborɗo

trunks

ledɗe

shorts

kilooti

tracksuit

dowirɗi

apron

aparoorj

gloves

kawase

button

nebbu

glasses

lone

bracelet

jawo

necklace

cakka

ring

feggere

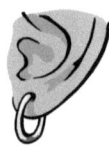

earring

hootonde

cap

laafa

coat hanger

jaggirgal sabandoor

hat

kufna

tie

karwaat

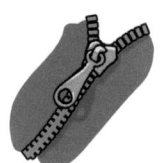

zip

korsude

helmet

tengaade

braces

jawe

school uniform

wutte janjirɗo

uniform

dadorɗo

bib

nappu suka

pacifier

ɗaayɗo

diaper

fooftini

office
gollorde

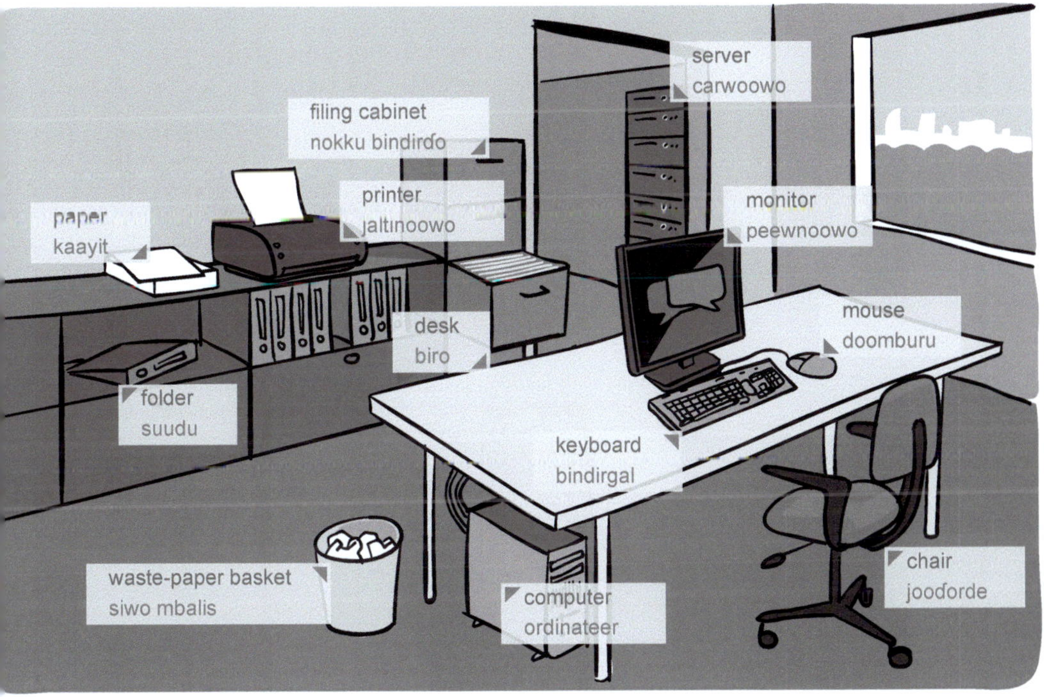

server
carwoowo

filing cabinet
nokku bindirɗo

printer
jaltinoowo

monitor
peewnoowo

paper
kaayit

mouse
doomburu

desk
biro

folder
suudu

keyboard
bindirgal

chair
jooɗorde

waste-paper basket
siwo mbalis

computer
ordinateer

coffee mug

koppu kafe

calculator

tongirde

internet

enternet

laptop

ordinateer

letter

ɓataake kaayit

message

ɓataake

cell phone

noddirgel

network

jokkondiral

photocopier

nandinoowo

software

kuutorgel

telephone

noddirgel

plug socket

piriis

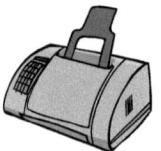

fax machine

masiŋ faksii

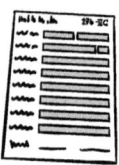

form

sifaa

document

kaayit

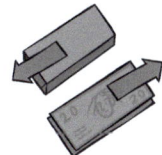

buy

sood

pay

yob

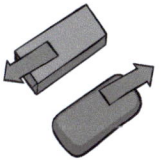

trade

yeey

money

kaalis

USD

dollar

dolaar

EUR

euro

oro

JPY

yen

yoon

RUB

rouble

ruubal

CHF

Swiss franc

sliwls farayse

CNY

renminbi yuan

yuwaan renminbi

INR

rupee

ruppii

cash point

nokku ngalu

currency exchange office

nokku beccirɗo

gold

kaŋe

silver

kaalis

oil

peteroŋ

energy

doole

price

coggu

contract

jokkondiral

tax

lempo

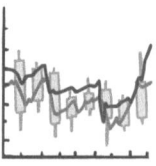

stock

jeyii

work

liggo

employee

liggotooɗo

employer

ligginoowo

factory

isin

shop

yeeyirde

police officer
alkaati

fireman
kaɓoowo jeyngol

cook
defoowo

doctor
cafroowo

pilot
dognoo ndiwooka

gardener
mooftoowo

carpenter
meniise

seamstress
gawoowo debbo

judge
ñaawoowo

chemist
simiyanke

actor
aktoor

bus driver

diirnoowo biis

taxi driver

diirnoowo taksi

fisherman

gawoowo

cleaning lady

debbo pittoowo

roofer

biloowo

waiter

carwoowo

hunter

baañoowo

painter

diidoowo

baker

piyoo mburu

electrician

peewnoo jeyngol

builder

mahoowo

engineer

eseñoor

butcher

buusee

plumber

polombiyee

postman

neɗɗo posto

soldier

soldaat

architect

arsitekte

cashier

ngaluyanke

florist

ledɗeyanke

hairdresser

mooroowo

conductor

diirnoowo

mechanic

peenoowo jamɗe

captain

gardiiɗo

dentist

safroowo ñiiÿe

scientist

gando

rabbi

babbiin

imam

almaami

monk

muwaan

pastor

ncɗɗo alla

tools
kuutorɗe

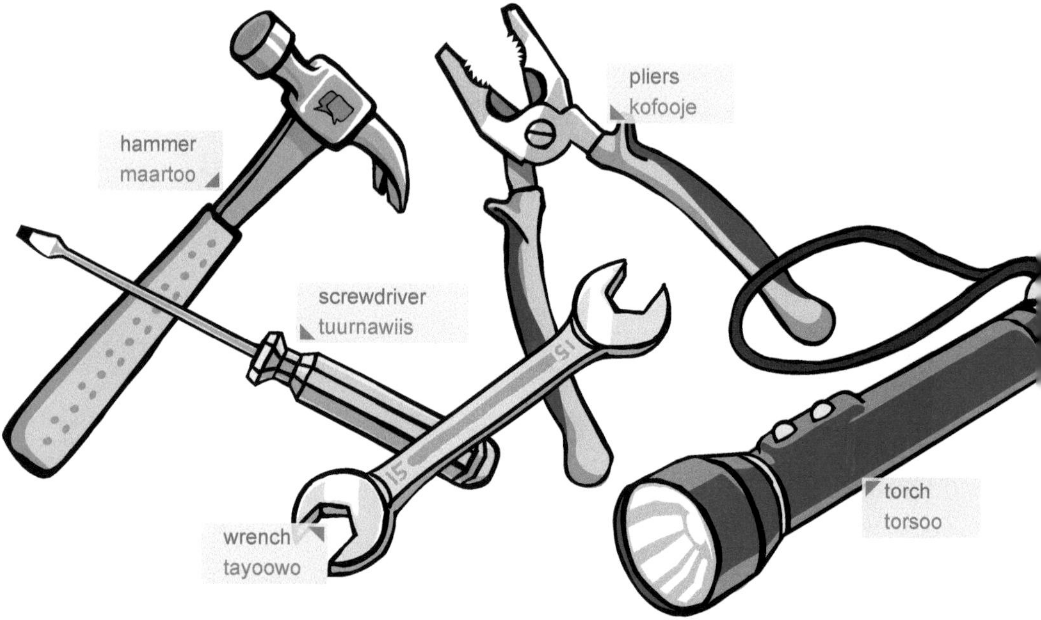

hammer
maartoo
pliers
kofooje
screwdriver
tuurnawiis
wrench
tayoowo
torch
torsoo

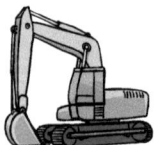

excavator

ngasirdi

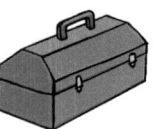

toolbox

suudu kuutorɗe

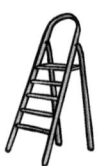

ladder

seel

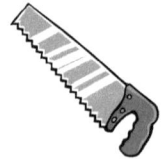

saw

siiy

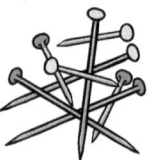

nails

pontooje

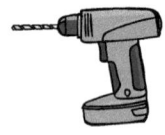

drill

yuwirde

repair

feewnit

shovel

nokkirde

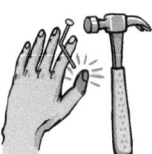

Damn!

sooot

dustpan

peel

paint can

pot diidirɗo

screws

wiisuuji

musical instruments
pijirɗe

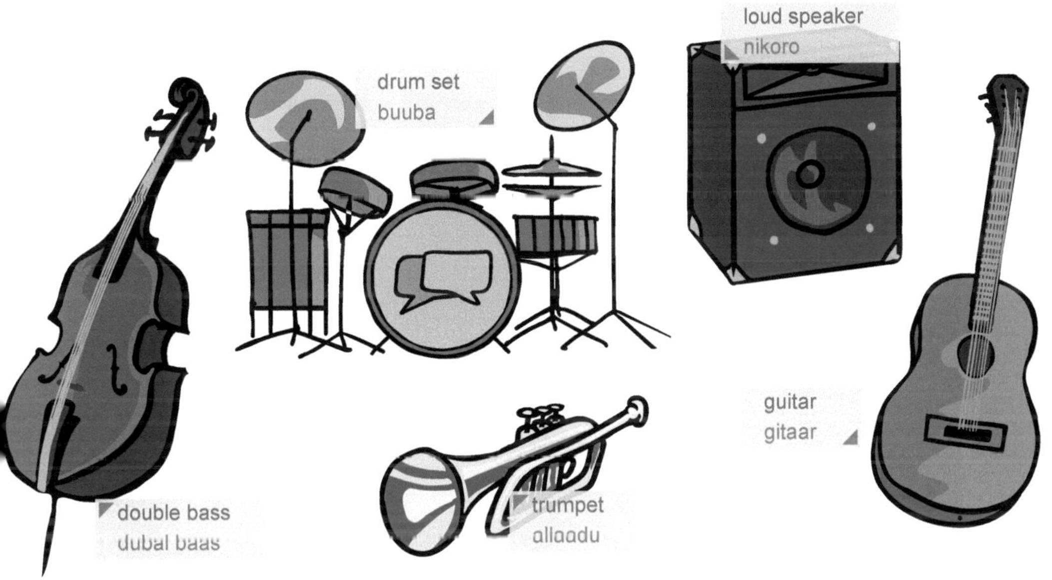

loud speaker
nikoro

drum set
buuba

guitar
gitaar

double bass
dubal baas

trumpet
allaadu

piano

piyaano

violin

ñaañooru

bass

baas

timpani

timpaan

drums

bawɗi

keyboard

bindirgal

saxophone

saksofooŋ

flute

coolumbel

microphone

haaldude

tiger
cewngu

entrance
naatirde

cage
sabbunde

zebra
mbabba ladde

animal feed
ñamri kulle

panda
pandaa

animals

kulle

elephant

ñiiwa

kangaroo

kanguruu

rhino

liwoongu

gorilla

waandu

bear

fowru

camel

ngelooba

ostrich

jaawagal

lion

mbaroodi

monkey

golo

flamingo

ñaarpural

parrot

seku

polar bear

fowru nees

penguin

peŋwee

shark

reke

peacock

ngoriyal

snake

mboddi

crocodile

nooro

zookeeper

deenoowo kulle

seal

liingu

jaguar

cewngu

pony

molel puccu

leopard

cewlu

hippo

ngabu

giraffe

ñamala

eagle

ciilal

boar

fowru

fish

liingu

turtle

heende

walrus

morsee

fox

daga

gazelle

lella

American football
fugu koyngel Amarik

cycling
welo

tennis
teniis

basketball
basket

swimming
lumbaade

boxing
bokse

ice hockey
okey e galaas

soccer
fugu koyngel

badminton
badminton

athletics
dogduuji

handball
fugu jungo

skiing
eskiiy

polo
polo

activities
golle

laugh
jal
jump
diw
hug
uurno
walk
yah
sing
yim
dream
hoyɗu
pray
juul
kiss
ɓuuco

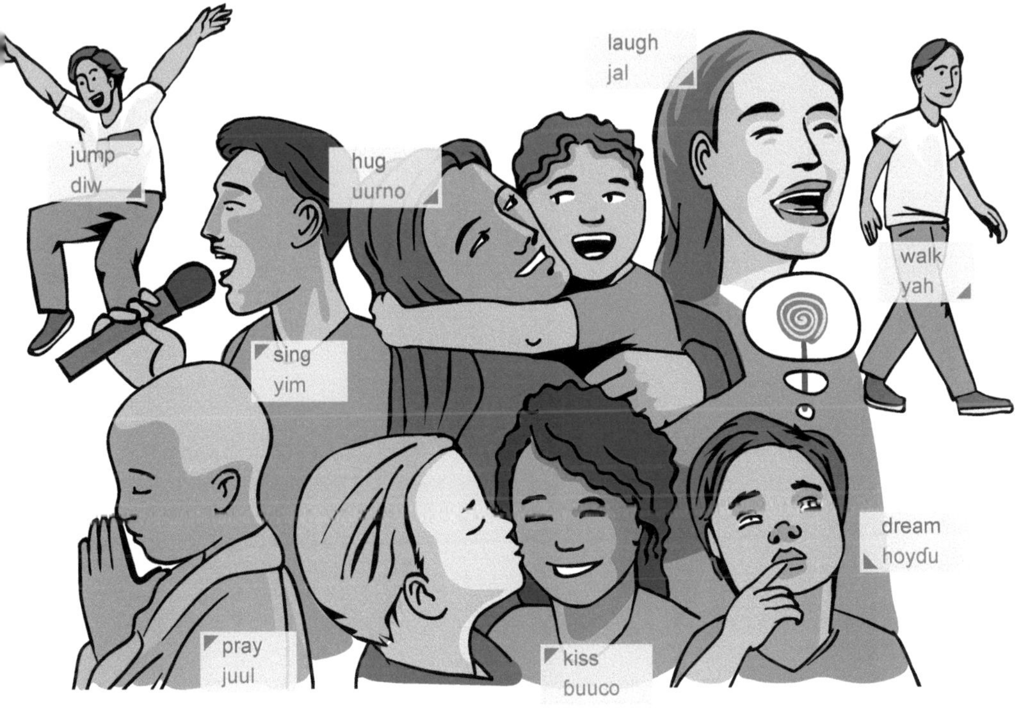

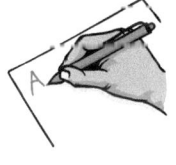

write
windu

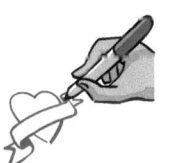

draw
diid

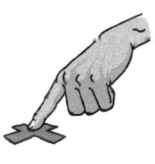

show
hollu

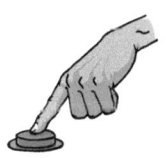

push
duñ

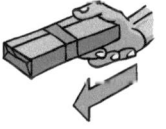

give
rokku

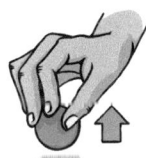

take
naw

have
jogo

do
waḍ

be
won

stand
daro

run
dog

pull
ittu

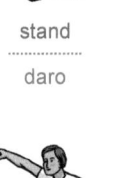

throw
weddo

fall
yan

lie
fen

wait
fad

carry
naw

sit
jooḍo

get dressed
boorno

sleep
ḍaano

wake up
finn

look at

ndaar

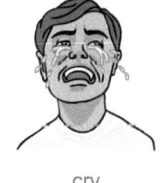

cry

woy

stroke

fiiy

comb

koomu

talk

haal

understand

faam

ask

naamdo

listen

hetto

drink

yar

eat

ñaam

tidy up

haɓɓu

love

yiɗ

cook

ɗof

drive

ɗiimu

fly

ɗiw

sail

awyu

calculate

lim

read

jangu

learn

jangu

work

liggo

marry

res

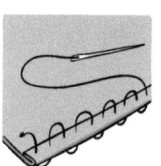

sew

aaw

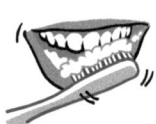

brush teeth

boris ñiiÿe

kill

war

smoke

simmo

send

neldu

family
ɓesngu

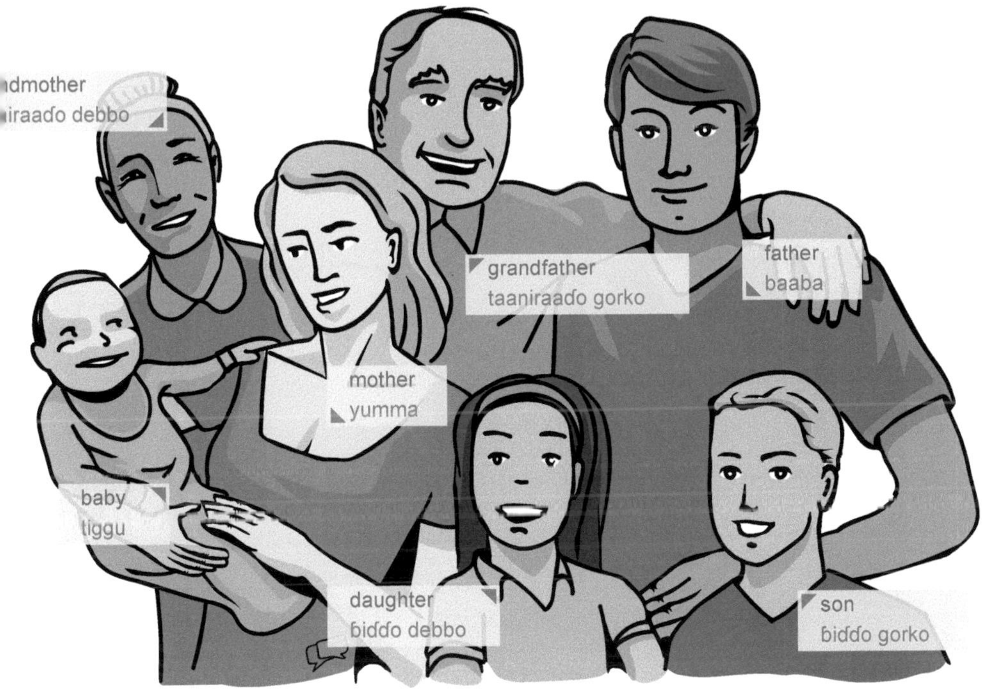
dmother
iraaɗo debbo
grandfather
taaniraaɗo gorko
father
baaba
mother
yumma
baby
tiggu
daughter
ɓiɗɗo debbo
son
ɓiɗɗo gorko

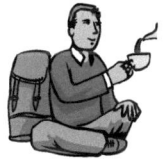

guest

koɗo

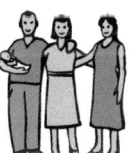

aunt

gogo

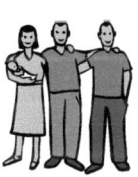

uncle

kaawiraaɗo

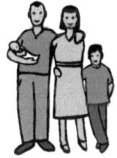

brother

mawniraaɗo gorko

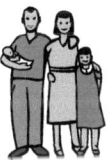

sister

mawniraaɗo debbo

body
bandu

forehead
tiinde

eye
yitere

shoulder
walabo

finger
fedeendu

face
yeeso

chin
waare

hand
jungo

breast
endu

leg
korlal

arm
jungo

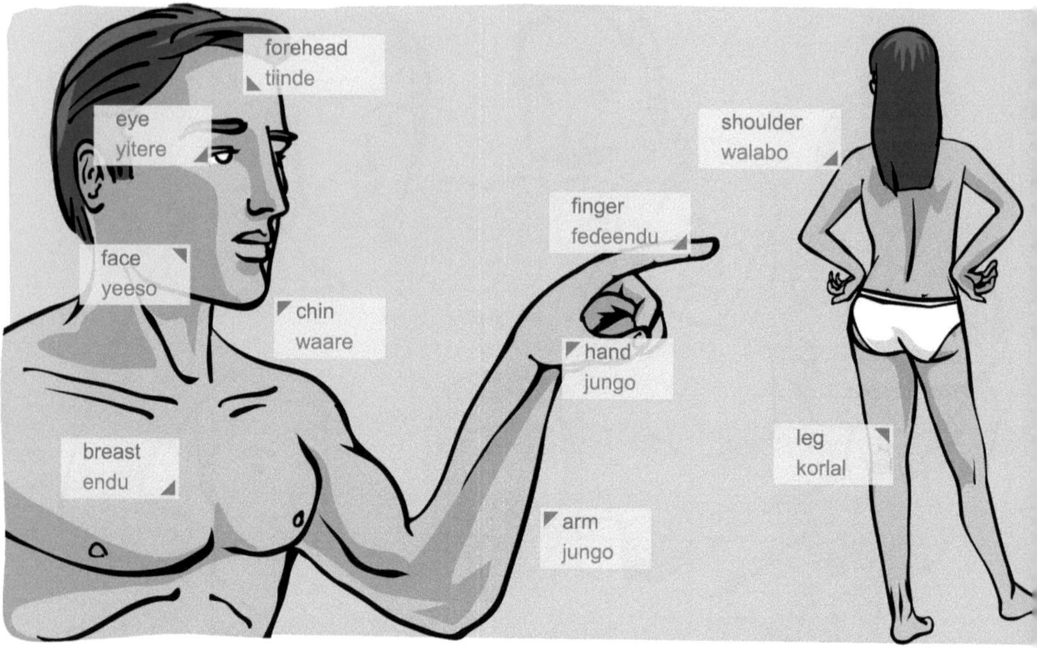

baby

tiggu

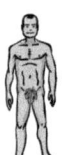

man

gorko

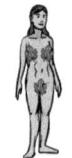

woman

debbo

girl

debbo

boy

gorko

head

hoore

body - bandu

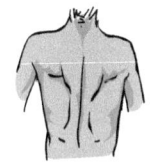

back
....
keeci

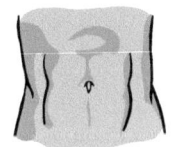

belly
....
reedu

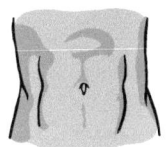

navel
....
wudduru

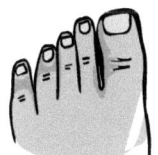

toe
....
feɗeendu

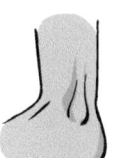

heel
....
njaaɓordi

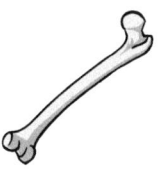

bone
....
ÿiyal

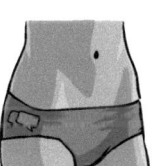

hip
....
buhal

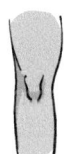

knee
....
hofru

elbow
....
fooŋturu

nose
....
hinere

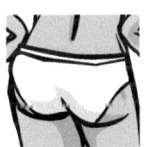

buttocks
....
gaɗa

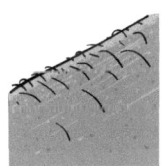

skin
....
nguru

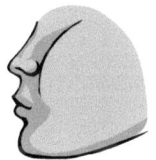

cheek
....
aɓɓuko

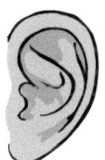

ear
....
nofru

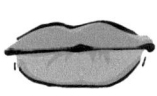

lip
....
tondu

mouth

hunuko

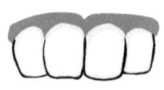

tooth

ñiire

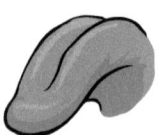

tongue

ɗemngal

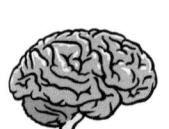

brain

ngaandi

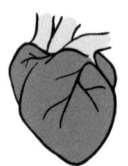

heart

ɓernde

muscle

ÿiye

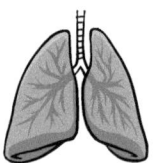

lung

jofe

liver

heeñere

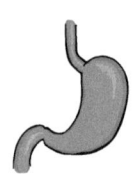

stomach

kuuse

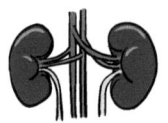

kidneys

booÿe

sex

leldaade

condom

kawasal

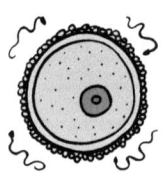

ovum

ɓoccoonde

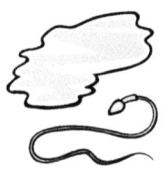

semen

maniiyu

pregnancy

cowagol

body - ɓandu

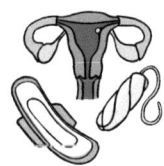

menstruation

ella

vagina

kottu

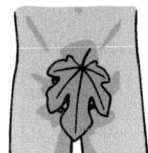

penis

soolde

eyebrow

leebol yitere

hair

sukundu

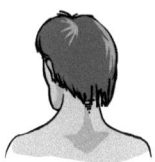

neck

daande

hospital
safrirdu

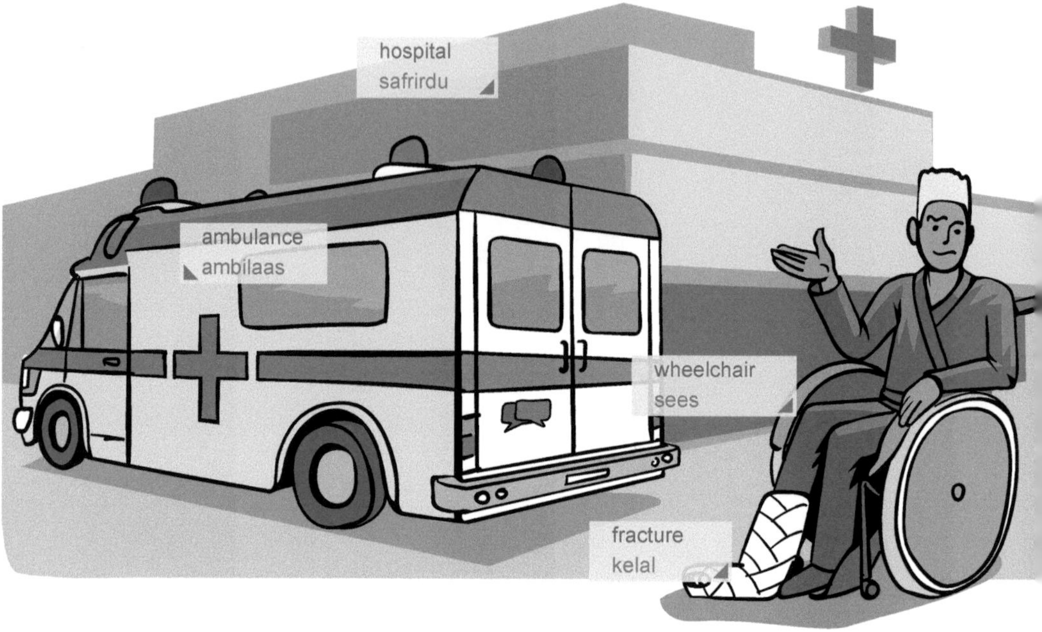

hospital
safrirdu
ambulance
ambilaas
wheelchair
sees
fracture
kelal

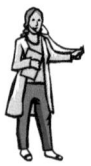

doctor

cafroowo

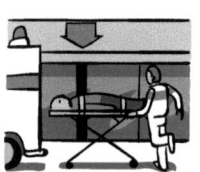

emergency room

suudu heñaare

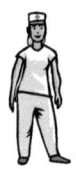

nurse

debbo cafroowo

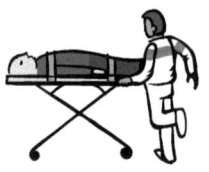

emergency

heñorde

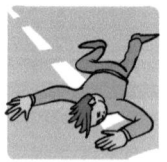

unconscious

wondaane hakkile

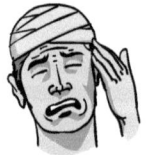

pain

muuseeki

injury

gaañande

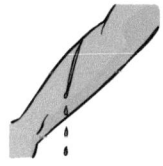

bleeding

tuɗde ƴiiƴam

heart attack

muuseeki ɓernde

stroke

piigol

allergy

nefo

cough

ɗojjude

fever

ɓandu wulooru

flu

pali

diarrhea

ndogu reedu

headache

hoore muusoore

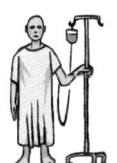

cancer

kaaseer

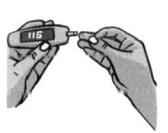

diabetes

jabett

surgeon

oppiroowo

scalpel

jaggirdi

operation

oppeere

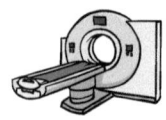

CT

CT

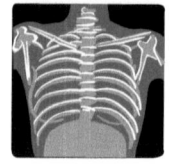

x-ray

buuɗi x

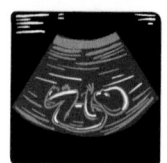

ultrasound

iltarasooŋ

face mask

huurirdu yeeso

disease

rafi

waiting room

heblorde

crutch

beeke

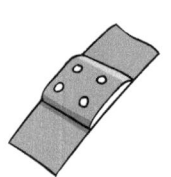

plaster

tabak

bandage

bandaas

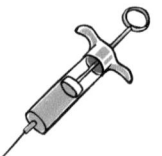

injection

pinggu

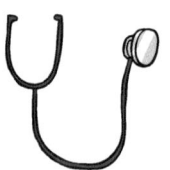

stethoscope

estetoskop

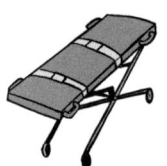

stretcher

pooɗoowo

clinical thermometer

termomeeter safrirdu

birth

jibinande

overweight

buttiɗgol

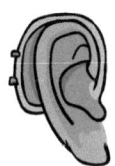

hearing aid

ballal nanirɗe

disinfectant

laɓɓinoowo

infection

raaɓo

virus

wiriis

HIV / AIDS

SIDAA

medicine

lekki

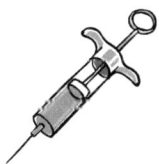

vaccination

ñakko

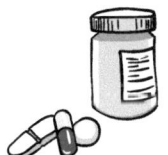

tablets

poɗɗe

pill

foɗɗere

emergency call

noddaango heñiingo

blood pressure monitor

ÿeewtorde yaadu ÿiiyam

ill / healthy

faawŋi / selli

Help!
Ballal

alarm
pindinoowo

assault
njangu

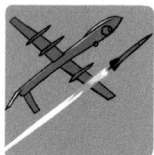

attack
raaŋande

danger
boomre

emergency exit
yaltirde yaawnde

Fire!
Jeyngol

fire extinguisher
ñifoowo jeyngol

accident
aksida

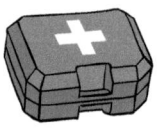

first-aid kit
saawdu safaara gadano

SOS
SOS

police
poliis

Europe

Orop

North America

Amarik Rewo

South America

Amarik Worgo

Africa

Afirik

Asia

Aasi

Australia

Ostaraalı

Atlantic

Atalantik

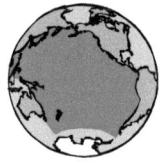

Pacific

Pasifik

Indian Ocean

Maayo Endo

Antarctic Ocean

Maayo Antarkatik

Arctic Ocean

Maayo Arkatik

North pole

Baŋe Rewo

South pole

Baŋe Worgo

Antarctica

Antarkatik

earth

Leydi

land

leydi

sea

maayo

island

siire

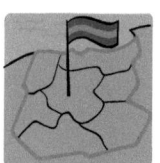

nation

wuro

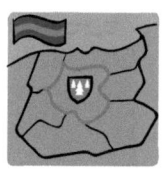

state

laamu

clock face

yeeso waktu

hour hand

jungo waktu

minute hand

jungo hojoma

second hand

jungo majaango

What time is it?

hol waktu?

day

ñalawma

time

saha

now

jooni

digital watch

mantoor nattoowo

minute

hojoma

hour

waktu

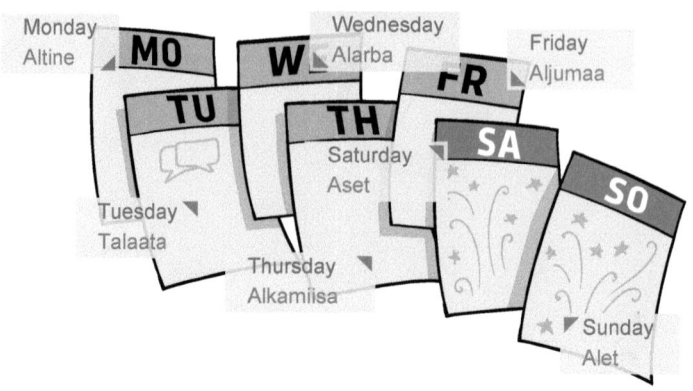

Monday Altine
Wednesday Alarba
Friday Aljumaa
Tuesday Talaata
Saturday Aset
Thursday Alkamiisa
Sunday Alet

yesterday

hanki

today

hande

tomorrow

jango

morning

subaka

noon

ñalawma

evening

kikiiđe

workdays

biir

weekend

ñalđi

year

hitaande

rain
tobo
rainbow
timtimol
wind
hendu
snow
nees
spring
demminaare
fall
ndunngu
summer
ceeɗu
winter
dabbunde

4.APRIL 11°
5.APRIL 4°
6.APRIL 13°
7.APRIL 8°
8.APRIL 10°

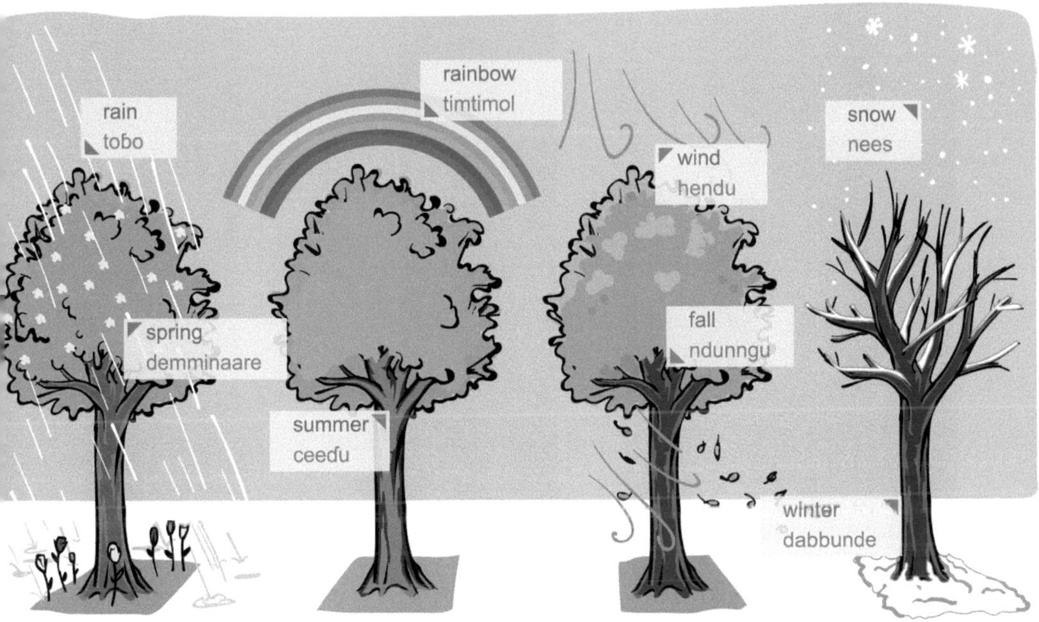

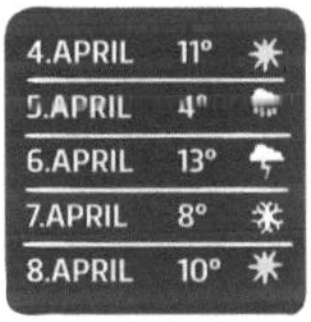

weather forecast

kabaaru weeyo

F
C
120
60
30
0
-30
40
20
10
0
-10
-20

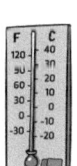

thermometer

termomeeter

sunshine

naaŋini

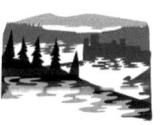

cloud

ruulde

fog

cuurki

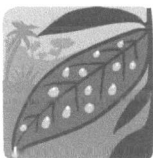

humidity

uddeende

lightning

majje

thunder

gidaango

storm

hendu

hail

huɗɗni

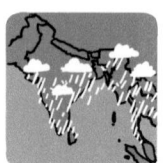

monsoon

ruulɗini

flood

waame

ice

nees

January

Siilo

February

Colte

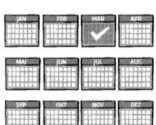

March

Mbooy

April

Seeɗto

May

Duuyal

June

Korse

July

Morse

August

Juko

September
....
Siilto

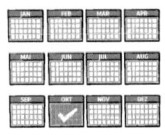

October
....
Yarkoma

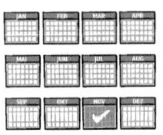

November
....
Jolal

December
....
Bowte

circle
....
taarto

square
....
yaajeendi

rectangle
....
yaajo

triangle
....
saraandi

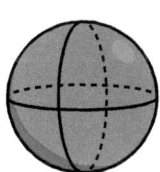

sphere
....
mbiifu

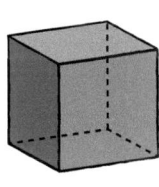

cube
....
kiibb

white
....
daneejo

yellow
....
oolo

orange
....
oraas

pink
....
roos

red
....
bodeejo

purple
....
mboongu

blue
....
bulaajo

green
....
werte

brown
....
cooyo

gray
....
puro

black
....
ɓaleejo

a lot / a little

heewi / seeɗa

angry / calm

seki / deeyi

beautiful / ugly

yooɗi / soofi

beginning / end

fuuɗorde / gasirde

big / small

mawɗo / tokooso

bright / dark

leeri / nibbiɗi

brother / sister

maniraaɗo / miñiraaɗo

clean / dirty

laabi / tunwi

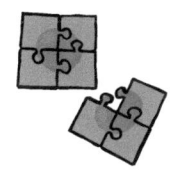

complete / incomplete

timmi / manki

day / night

ñalawma / jamma

dead / alive

maayi / wuuri

wide / narrow

yaaji / faaɗi

edible / inedible

nano / nanotaako

evil / kind

boni / moÿÿi

excited / bored

softi / yoomi

fat / thin

buttiɗi / sewi

first / last

adi / wattindi

friend / enemy

sehil / gaño

full / empty

heewi / ɓolɗi

hard / soft

muusi / weeɓi

heavy / light

teddi / hoyi

hunger / thirst

heege / ɗomka

ill / healthy

faawŋi / selli

illegal / legal

wona laawol / laawol

intelligent / stupid

feerti / muddiɗi

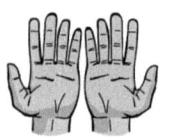

left / right

nano / ñaamo

near / far

ɓatti / woɗɗi

opposites - ceeri

new / used
keso / kiiɗɗo

nothing / something
ndiga / huunde

old / young
nayeejo / suka

on / off
huɓɓi / ñifii

open / closed
uditi / uddii

quiet / loud
deeÿi / dille

rich / poor
alɗi / waasi

right / wrong
goonga / fenaande

rough / smooth
tiiɗi / nooyi

sad / happy
metti / weli

short / long
raɓɓiɗi / juuti

slow / fast
leeli / yaawi

wet / dry
leppi / yoori

warm / cool
wuli / ɓuuɓi

war / peace
hare / jam

0 zero
ndiga

1 one
gooto

2 two
điđi

3 three
tati

4 four
nay

5 five
joy

6 six
jeegom

7 seven
jeeđiđi

8 eight
jeetati

9 nine
jeenay

10 ten
sappo

11 eleven
sappoy goo

12

twelve

sappoy ɗiɗi

13

thirteen

sappoy tati

14

fourteen

sappoy nay

15

fifteen

sappoy joy

16

sixteen

sappoy jeegom

17

seventeen

sappoy jeeɗiɗi

18

eighteen

sappoy jeetati

19

nineteen

sappoy jeenay

20

twenty

noogaas

100

hundred

teemedere

1.000

thousand

ujunere

1.000.000

million

miliyooŋ

English

Aŋale

American English

Aŋale Amarik

Chinese Mandarin

Mandare Siinaabe

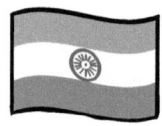

Hindi

Hindi

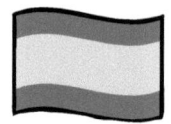

Spanish

Españool

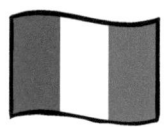

French

Farayse

Arabic

Arab

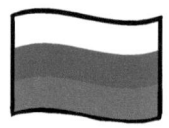

Russian

Riis

Portuguese

Portigees

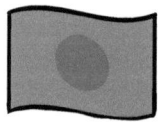

Bengali

Bengali

German

Almaa

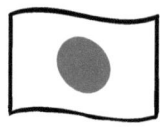

Japanese

Sapponee

I

miin

you

an

he / she / it

kanko / kanko / kanum

we

minen

you

onon

they

kambe

who?

holoon?

what?

holɗuum?

how?

holnoon?

where?

holtoon?

when?

mande?

name

inde

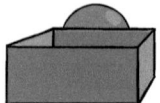

behind

caggal

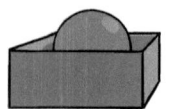

in

nder

in front of

sawndo

over

dow

on

e

under

les

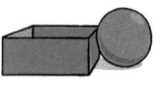

beside

sara

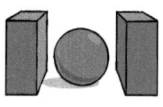

between

hakkunde

place

nokku